Dios ama a

_____

(Nombre)

Y también a

_____

(Dador)

quien dio este libro en

_____

(Fecha)

Biblia
Dios me ama

POR
Susan Elizabeth Beck
ILUSTRACIONES POR
Gloria Oostema

Publicado por
Editorial Unilit
Miami, Fl. 33172
Derechos reservados.

Primera edición 1999
Sexta edición 2008

Coedición mundial organizada y producida por Lion Hudson plc.,
Wilkinson House, Jordan Hill Road, Oxford OX2 8DR, England.
Tel: +44 (0) 1865 302750 Fax: +44 (0) 1865 302757
Correo electrónico: coed@lionhudson.com
www.lionhudson.com

Traducción: Priscila Patacsil

Nota a los padres:
Cada vez que lea este libro a sus hijos, usted debe animar a su
niño o niña a participar. La frase repetitiva "¡Y Dios me ama a mí!
ha sido escrita con este propósito. Su niño puede repetir la
frase completa o solamente decir "¡a mí!"

Producto 494619 (Azul)
ISBN 0-7899-0690-2
ISBN 978-07899-0690-8

Producto 494618 (Rosa)
ISBN 0-7899-0689-9
ISBN 978-07899-0689-2

Impreso en Singapur
Printed in Singapore

En el
principio

La Creación

En el principio no había nada.
Entonces Dios hizo el cielo y la tierra.

Génesis 1

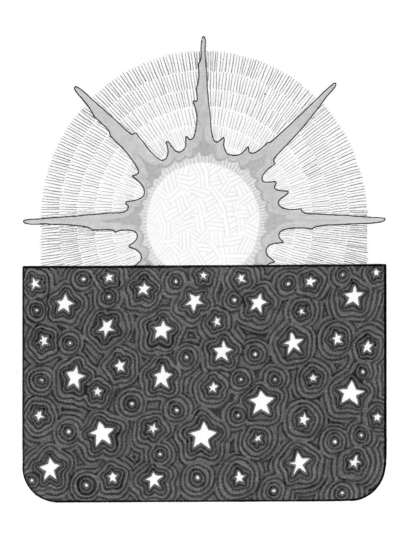

Dios hizo el sol y las estrellas.

Dios hizo el agua.
Dios hizo la tierra.
Él hizo los peces y los pájaros
Y todos los animales.
Él los puso sobre la tierra.

Génesis 1

Dios amó su mundo.

Adán y Eva

Dios hizo dos personas para
cuidar a su mundo.
Él hizo un hombre llamado Adán.
Él hizo una mujer llamada Eva.
Adán y Eva vivieron en un lugar bello
llamado el huerto del Edén.

Génesis 2

Dios amó a Adán y a Eva.

N oé

Noé era amigo de Dios.
Él oía a Dios.
Dios le dijo a Noé que hiciera
un barco grande.
Noé puso a su familia en el barco.
También puso muchos animales.
Cuando vino el diluvio terrible,
Noé y su familia y los animales estaban
seguros en el barco.

Génesis 6-8

Dios amó a Noé y a su familia.

Abraham

Dios escogió a Abraham para ser el
padre de una nación de gente especial.
Dios prometió dar a
Abraham mucha tierra.
Dios le prometió a Abraham tantos
hijos como las estrellas en el cielo.

Génesis 12;5

Dios amó a Abraham.

Sara

Sara era muy, muy vieja.
Dios le dijo que iba a tener un bebé.
Sara se rió.
¡Una vieja no podía tener un bebé!
Pero Dios le dio a Sara y Abraham un hijo.
Ella lo llamó Isaac.

Génesis 18; 21

Dios amó a Sara.

Isaac

Abraham, tuvo sólo un hijo —Isaac.
Dios le pidió a Abraham
que sacrificara a Isaac.
Abraham estaba listo
para obedecer a Dios.
Pero Dios salvó a Isaac.
Él detuvo a Abraham de matar a Isaac.
Dios prometió hacer a Abraham
y a Isaac famosos y poderosos porque
ellos le obedecieron.

Génesis 22

Dios amó a Isaac.

Rebeca

Rebeca era una muchacha muy linda.
Ella era muy especial.
Ella era muy valiente.
Rebeca dejó su familia
y se mudó muy lejos.
Ella se casó con Isaac, y él la amaba.
Rebeca fue la madre de los gemelos:
Jacob y Esaú.

Génesis 24-25

Dios amó a Rebeca.

Jacob

Jacob tuvo un sueño.
Él vio una escalera subiendo al cielo.
Ángeles subían y bajaban la escalera.
Y Dios estaba arriba al final.
Dios habló a Jacob.
Él prometió dar a Jacob
mucha tierra y muchos hijos.
Dios le prometió que nunca
lo iba a dejar.

Génesis 28

Dios amó a Jacob.

Raquel

Raquel era una muchacha muy linda.
Ella cuidaba de las ovejas de su padre.
Ella se casó con Jacob, y él la amaba.
Raquel tuvo dos hijos:
José y Benjamín.

Génesis 29-30; 35

Dios amó a Raquel.

José

José era un niño especial.
Él tenía una túnica de muchos colores.
Él tenía unos sueños muy claros.
Pero eso no agradaba a sus hermanos.
Ellos enviaron a José lejos del hogar.
Pero Dios guardó a José.
Él hizo a José un hombre
muy importante en Egipto.

Génesis 37

Dios amó a José.

Dios amó a Noé, Abraham, José y a
toda la gente que Él había creado.

¡Y Dios me ama a mí!

El pueblo
especial de Dios:
los israelitas

El bebé Moisés

Moisés era un bebé fuerte y bello.
Su madre lo escondió
de los soldados que iban
a matar a los bebés hebreos.
Ella puso al bebé Moisés en una canasta
y lo colocó en el río Nilo. Una princesa
encontró a Moisés en la canasta.
Ella lo salvó de los soldados.

Éxodo 2

Dios amó al bebé Moisés.

El líder Moisés

Moisés hablaba con Dios.
Él hizo todo lo que Dios le
dijo que hiciera.
Dios habló a Moisés desde
una zarza ardiendo.
Dios le dijo a Moisés que ayudara
a su pueblo los israelitas.
Moisés llegó a ser el gran líder
del pueblo de Dios.

Éxodo 3

Dios amó a Moisés el líder.

Los esclavos israelitas

El pueblo especial
de Dios vivía en Egipto.
Ellos trabajaban muy fuerte para el rey.
Ellos no eran felices,
así que oraron a Dios.
Dios envió a Moisés a pedir al rey que
dejara salir al pueblo de Egipto.
Pero el rey dijo: "¡No!"
Entonces Dios envió
diez plagas terribles —ranas,
langostas y tumores y moscas.
Entonces el rey dejó salir al
pueblo de Dios de Egipto.

Éxodo 1:7-12

Dios amó a los esclavos israelitas.

Miriam

Miriam era hermana de Moisés.
Ella salió de Egipto
con el pueblo de Dios.
Ella vio cómo Dios
dividió el Mar Rojo.
El agua hizo dos murallas,
y Miriam cruzó el mar
por tierra seca.
Cuando Miriam llegó a la otra
orilla, ella danzó y cantó una
canción dando gracias a Dios.

Éxodo 14-15

Dios amó a Miriam.

Los israelitas hambrientos

Los israelitas hicieron un largo
viaje por el desierto.
Ellos necesitaban algo de comer.
Ellos tenían mucha hambre.
Dios envió un pan especial del cielo cada
mañana para cubrir la tierra.
El pueblo llamó al pan maná.
Ellos nunca volvieron a tener hambre.

　　　　　　　　　Éxodo 16

Dios amó a su pueblo los israelitas.

Moisés

Moisés guió a los israelitas
al monte Sinaí.
Él subió la montaña para hablar
con Dios. Moisés estuvo en la
montaña por largo tiempo.
Dios le dio a Moisés diez
mandamientos para que
el pueblo los obedeciera.
Moisés llamó a estos mandamientos
los Diez Mandamientos.

Éxodo 19-20

Dios amó a Moisés.

Caleb y Josué

Doce hombres fueron a explorar
la tierra prometida de Canaán.
Diez de los hombres tenían miedo
y dijeron que los israelitas no
deberían ir allá.
Pero Caleb y Josué pensaron que
la tierra era maravillosa.
Ellos sabían que Dios ayudaría al
pueblo a conquistar a Canaán.

Números 13

Dios amó a Caleb y a Josué.

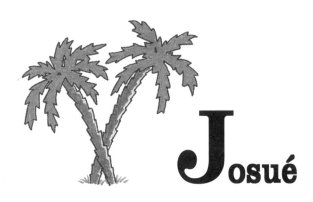

Josué

Josué era un gran líder
de los israelitas.
Él guió al pueblo de Dios a la
tierra prometida.
El ejército de Josué conquistó la
ciudad de Jericó.
Ellos marcharon alrededor
de la ciudad.
Ellos gritaron y tocaron las
trompetas, y Dios hizo caer las
murallas de Jericó.

Dios amó a Josué.

Dios amó a Moisés, Caleb,
Josué y a su pueblo especial,
los israelitas.

¡Y Dios me ama a mí!

El pueblo de Dios: en la Tierra Prometida

Débora

Débora era una líder del pueblo de Dios.
Cuando un enemigo venía a
atacar a Israel, Débora guiaba el
pueblo a la batalla.
Débora confiaba en Dios.
¡Y los israelitas ganaron!
Débora escribió un hermoso
cántico de gracias a Dios.

Jueces 4-5

Dios amó a Débora.

El débil Gedeón

Gedeón era débil. Gedeón era pequeño.
Dios deseaba que Gedeón fuera
un gran líder.
Pero Gedeón no creía que Dios lo podía
hacer un gran líder.
Así que hizo que Dios lo probara.
Finalmente, Gedeón creyó que podía
hacer lo que Dios quería que él hiciera.
Con la ayuda de Dios, Gedeón llegó
a ser un gran líder.

Jueces 6

Dios amó a Gedeón.

 **E**l valiente
Gedeón

Gedeón era el líder de un
ejército muy grande.
Dios le dijo a Gedeón que hiciera
su ejército más y más pequeño.
Gedeón obedeció a Dios.
Finalmente Gedeón fue a la batalla
con solamente 300 hombres.
Con trompetas y jarras vacías
y el poder de Dios, el pequeño
ejército de Gedeón ¡hizo huir
a los enemigos!

Dios amó a Gedeón.

Sansón

Sansón era fuerte.
Sansón era especial.
Cuando Sansón era joven
él obedeció a Dios.
Pero cuando creció, no siempre
él obedecía a Dios.
Pero todavía Dios usaba a Sansón
como un líder de los israelitas.

Jueces 13-16

Dios amó a Sansón.

Rut

Rut estaba triste.
Su esposo había muerto.
Ella no tenía hijos, pero ella amaba
a la madre de su esposo, Noemí.
Rut prometió no dejar
nunca a Noemí.
Ella prometio amar al Dios
de Noemí y al pueblo de Noemí.
Dios bendijo a Rut.
Él le dio un nuevo esposo y un hijo.

Dios amó a Rut.

Ana

Ana deseaba mucho tener un bebé.
Ella fue al templo y oró.
Ana le pidió a Dios que
le diera un bebé.
Dios contestó la oración de Ana.
Él le dio un bebé varón.
Ana llamó a su bebé Samuel.
Ana amaba a Samuel, y ella cantó
un cántico precioso de alabanza a
Dios por el bebé.

1 Samuel 1-2

Dios amó a Ana.

Samuel

Cuando Samuel era pequeño,
él vivió en el templo.
Una noche él oyó una voz
llamando su nombre —una,
dos y tres veces.
Cuando la voz llamó otra vez,
Samuel dijo: "Aquí estoy, Señor."
Samuel escuchó a Dios.
Él obedeció a Dios toda su vida.

1 Samuel 3

Dios amó a Samuel.

Dios amó a Débora y a Sansón,
a Rut y a todo su pueblo en la
Tierra Prometida.

¡Y Dios me ama a mí!

Los Reyes

Saúl

Saúl era el hombre más alto de todos
los hombres de Israel.
Pero Saúl era tímido.
Él se escondió cuando el pueblo
quería hacerlo rey.
Pero el pueblo lo encontró.
Ellos pusieron una corona en
su cabeza, e hicieron a Saúl el primer
rey de Israel.

1 Samuel 10

Dios amó a Saúl.

David,
el niño pastor

David era un niño pastor.
Él cuidaba bien las ovejas de su padre.
Él era fuerte y valiente.
Cuando un león o un oso atacaban las
ovejas, David las salvaba, y mataba a
los animales salvajes.

1 Samuel 16-17

Dios amó a David el niño pastor.

David el guerrero

David era muy joven para
unirse al ejército.
¡Pero un día peleó con el
enemigo él solo!
Él peleó con el gigante llamado Goliat.
David era mucho más pequeño
que Goliat, y Goliat lo llamó
por nombres.
Pero David confió en Dios, ¡y él ganó!

1 Samuel 16-17

Dios amó a David.

El rey David

David era el niño menor en su familia.
Nadie pensó que él podía ser un rey.
Pero Dios escogió a David para
ser un rey grande y poderoso
de su pueblo.

1 Samuel 16

Dios amó al rey David.

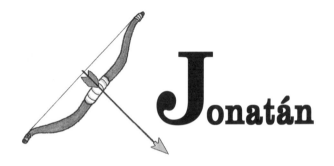

Jonatán

Jonatán era el hijo del rey Saúl.
Jonatán era el mejor amigo de David.
Él tiraba flechas con David en los campos.
Jonatán protegía a David cuando el rey
Saúl estaba enojado.
Jonatán amaba a su amigo David.

Dios amó a Jonatán.

Abigail

Abigail estaba casada con Nabal.
Nabal era un hombre rico,
pero era muy malo.
Nabal no le daba alimento a David
y a sus hombres.
David estaba muy enojado.
Pero Abigail era inteligente y muy sabia.
Rápidamente ella compró pan y vino,
carne y frutas para David
y sus hombres.
Ella le pidió a David
que perdonara a su marido.

1 Samuel 25

Dios amó a Abigail.

Salomón

Salomón fue un rey bueno de Israel.
Él le pidió a Dios que lo hiciera sabio.
Dios hizo a Salomón muy sabio.
Dios también hizo a Salomón muy rico.
Salomón edificó un templo bello para
Dios en Jerusalén.

1 Reyes 3; 6

Dios amó a Salomón.

El sabio Salomón

Había dos mujeres y cada una
tuvo un bebé.
Pero uno de los bebés murió.
Las madres pelearon por el niño vivo.
Salomón ordenó que el niño vivo se
cortara por la mitad, una mitad
para cada madre.
Una de las mamás lloró:
"¡No, deje que el bebé viva!"
Entonces Salomón supo que ella era
la verdadera madre.
Y él le dio a ella el bebé.
Salomón era muy sabio.

Dios amó a Salomón.

Joás

Joás era el rey de Judá.
Él quería hacer el templo de Dios un
lugar bello otra vez.
El pueblo le dio a Joás mucho dinero
para pagar por el trabajo.
Joás dio el dinero a los trabajadores que
estaban reparando el templo de Dios.
Joás era un buen rey.

Dios amó a Joás.

Ezequías

Ezequías fue un buen rey de Judá.
Él amaba mucho a Dios.
Ezequías se enfermó y estaba a punto
de morir.
Pero Ezequías no quería morir.
Él oró a Dios.
Dios contestó su oración.
Dios le permitió a Ezequías vivir
15 años más.

2 Reyes 20

Dios amó a Ezequías.

Josías

Josías era un niñito cuando él fue
rey de Israel.
¡Sólo tenía ocho años!
Un día los sacerdotes encontraron unos
libros muy viejos en el templo.
Josías le dijo a los sacerdotes que
leyeran los libros al pueblo.
A todo el pueblo le gustaba escuchar lo
que Dios dijo en los libros.

Dios amó a Josías.

Dios amó a David y a Salomón y a
todos los reyes de su pueblo.

¡Y Dios me ama a mí!

Los
profetas

El
profeta Elías

Elías amaba a Dios y le obedecía.
Cuando no había alimento para comer,
Dios envió pájaros que cuidaran a Elías.
Los pájaros le trajeron a Elías
pan y carne para comer cada
mañana y cada noche.

1 Reyes 17

Dios amó al profeta Elías.

Elías

Un día Elías caminó con su
amigo Eliseo.
De repente una carroza y caballos de
fuego volaron entre Elías y Eliseo.
Entonces vino un remolino de viento
y se llevó a Elías al cielo.

2 Reyes 2

Dios amó a Elías.

Eliseo

Eliseo tenía un buen amigo, un niño.
Un día el niño murió.
Eliseo fue al cuarto del niño.
Él oró a Dios.
Entonces Eliseo se acostó sobre el niño.
De repente el niño estornudó siete veces.
Y abrió sus ojos.
¡El niño estaba vivo de nuevo!
Eliseo se lo envió de nuevo a su madre.

2 Reyes 4

Dios amó a Eliseo.

Isaías

Dios necesitaba a alguien que trajera
buenas noticias a su pueblo los israelitas.
Un día Dios le apareció a Isaías.
Él le pidió a Isaías que fuera su
mensajero.
Al principio Isaías tuvo miedo.
Él pensó que no podía hacer el trabajo.
Pero luego él dijo:
"Aquí estoy. Envíame."
Isaías llegó a ser un gran mensajero de
Dios a los israelitas.

Isaías 6

Dios amó a Isaías.

Jeremías

Jeremías era un mensajero de Dios.
Él le dio al pueblo malas noticias.
A ellos no les gustó lo que
Jeremías les dijo así que lo
echaron en un pozo vacío.
Jeremías se hundió en lo
profundo del lodo.
Poco tiempo después, los amigos de
Jeremías lo sacaron del pozo.
Ahora el pueblo estaba listo para oír las
noticias de Jeremías.
Y todo lo que él dijo se cumplió.

Dios amó a Jeremías.

Jonás

Dios le dijo a Jonás que fuera a Nínive.
Pero Jonás no le escuchó.
Él huyó de Dios para no obedecerle.
Él se metió en un barco y huyó.
Cuando vino la tormenta, Jonás fue
tirado al mar.
Un pez grande se tragó a Jonás, pero
él no murió.
Jonás oró a Dios, y Dios lo salvó.

Jonás 1:4

Dios amó a Jonás.

Dios amó a Elías, a Isaías, a
Jonás y a todos sus mensajeros.

¡Y Dios me ama a mí!

El pueblo
de Dios lejos
de su Tierra

Sadrac, Mesac, Abed-nego

Sadrac Mesac, y Abed-nego vivían en
un país llamado Babilonia.
El rey quería que ellos adoraran un
ídolo de oro.
Ellos no adorarían al ídolo.
Así que el rey los tiró dentro de un
horno de fuego ardiendo.
Las llamas eran muy, muy calientes.
Pero los tres hombres no se quemaron.
Ellos salieron del fuego salvos.

Dios amó a
Sadrac, Mesac y Abed-nego.

Daniel

Cada día Daniel oraba a Dios.
Un día el rey dijo: "Nadie puede
orar a Dios."
Pero Daniel oró de todos modos.
El rey ordenó a los soldados
que tiraran a Daniel en el foso
de los leones.
Pero Dios guardó seguro a Daniel.
Los leones no le hicieron daño.
Daniel confiaba en Dios y le obedecía.

Daniel 6

Dios amó a Daniel.

Ester

Ester llegó a ser la reina de una
gran nación.
Un hombre malo hizo un plan para
matar a todos los israelitas.
Cuando Ester supo acerca del plan, ella
se lo dijo al rey.
Ester confiaba en Dios, y el pueblo de
Dios fue salvado.

Ester 2-9

Dios amó a Ester.

Esdras

Esdras vivía en Babilonia.
Él era un maestro.
Él estudiaba las leyes de Dios.
Un día el rey le dijo que él podía
regresar a su tierra Israel.
Esdras llevó mucha, mucha gente de
regreso a la ciudad de Jerusalén.
Con la ayuda de la gente, Esdras
reconstruyó el templo de Dios.

Esdras 7-8

Dios amó a Esdras.

Nehemías

Nehemías trabajaba para el
rey de Babilonia.
Un día el rey le dijo a Nehemías que
podía regresar a Jerusalén.
Él levantó las murallas alrededor
de la ciudad.
Nehemías confiaba en Dios y ayudó a
los israelitas a permanecer a salvo
de sus enemigos.

Nehemías 1-6

Dios amó a Nehemías.

Dios amó a Daniel, a Ester, a
Esdras y a todo su pueblo que
estaban lejos de su tierra.

¡Y Dios me ama a mí!

Jesús viene a la Tierra

María

María era una joven que amaba a Dios.
Un día un ángel vino a María.
El ángel le dijo a María que ella iba a
tener un niño.
El niño sería el Hijo de Dios.
Y su nombre sería Jesús.
María fue una madre maravillosa
para Jesús.

Lucas 1

Dios amó a María.

José

José era un carpintero.
Él amaba a María mucho, y planeó
casarse con ella.
Un ángel le dijo a José que María iba a
tener un bebé —el Hijo de Dios.
José le creyó al ángel y confió en Dios.
José cuidó bien de María
y del bebé Jesús.

Mateo 1

Dios amó a José.

El bebé Jesús

Jesús era un bebé muy especial.
Él nació en un establo en Belén.
Los ángeles aparecieron a los pastores
y les dijeron que Jesús había nacido.
Una estrella muy especial brillaba
en el cielo.
Los Reyes Magos siguieron la estrella
desde muy lejos para ver a Jesús
y traerle regalos.
Jesús era el Hijo de Dios.

Mateo 2; Lucas

Dios amó al bebé Jesús.

El niño Jesús

Jesús tenía 12 años cuando fue a Jerusalén con María y José.
Cuando llegó la hora de regresar a la casa, Jesús se quedó en el templo.
Él escuchaba a los maestros allí y les hacía muchas preguntas.
Toda la gente estaba sorprendida de lo inteligente que Jesús era.

Lucas 2

Dios amó al niño Jesús.

Juan el Bautista

Juan el Bautista era un predicador.
Él vivía en el desierto.
Su ropa era de pelo de camello, y comía
langostas y miel.
Juan le dijo al pueblo que Jesús venía
para salvarlos de sus pecados.
Juan bautizaba mucha gente en
el río Jordán.

Mateo 3

Dios amó a Juan el Bautista.

Jesús el Hijo de Dios

Jesús vino a Juan el Bautista para ser
bautizado en el río Jordán.
Cuando Jesús salió del río, una paloma
se paró en sus hombros.
Una voz del cielo dijo:
"Este es mi Hijo. Yo lo amo."

Mateo 3

Dios amó a su Hijo Jesús.

María y Marta

María y Marta eran amigas de Jesús.
Ellas dejaban que Jesús se quedara
en su casa.
Ellas le daban a Jesús comida buena.
Ellas escuchaban la enseñanza de Jesús.
Un día Marta se enojó porque María
escuchaba a Jesús en lugar de ayudarla
en la cocina.
Pero Jesús le dijo a Marta que María
había escogido lo mejor.

Lucas 10

Dios amó a María y a Marta.

Zaqueo

Zaqueo era un hombre muy bajito.
Zaqueo quería ver a Jesús.
Un día Zaqueo subió a un árbol para
poder ver a Jesús cuando Él pasara
por allí.
Jesús se paró para hablar con Zaqueo.
Entonces Jesús comió con él.

126

Dios amó a Zaqueo.

Lázaro

Lázaro era amigo de Jesús.
Él vivía en el pueblo de Betania con sus
hermanas, María y Marta.
Un día Lázaro se enfermó y murió.
Jesús lloró porque a Él le hacía falta
su amigo.
Entonces Jesús hizo algo maravilloso.
¡Él hizo que Lázaro viviera otra vez!

Juan 11

Dios amó a Lázaro.

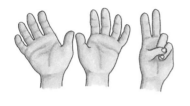# Los 12 discípulos

Jesús tenía 12 amigos especiales.
Eran llamados sus discípulos.
Los discípulos eran gente corriente.
Pero Jesús los escogió para que fueran
sus amigos más cercanos y para hablar
a otros acerca de Dios.

Dios amó a los 12 discípulos.

Una niñita

Jairo tenía una hijita.
Ella estaba muy enferma.
Jairo fue a pedir ayuda a Jesús.
Jesús vino a la casa de Jairo.
Todos estaban llorando porque la
niñita estaba muerta.
¡Entonces Jesús hizo algo maravilloso!
Él tomó la mano de la niñita ¡y la hizo
vivir otra vez!

Dios amó a la niñita.

Los niñitos

Algunas personas trajeron a sus niños
a ver a Jesús.
Ellos querían que Jesús orara y los tocara.
Los niñitos eran muy especiales
para Jesús.
¡Él habló con ellos y los abrazó!

Marcos 10

Dios amó a los niñitos.

Jesús resucitado

Jesús sabía que tenía que morir.
Él sabía que Dios lo envió a la tierra a
morir por los pecados de todos.
Jesús no le agradaba a mucha gente,
ellos se alegraron cuando los
gobernantes decidieron matar a Jesús.
Pero Jesús no permaneció muerto.
¡A los tres días, Él salió de la tumba tal
como Él lo había dicho!

Juan 19-20

Dios amó a su Hijo Jesús.

Jesús

Durante muchos días después que
Jesús murió y resucitó de los muertos,
Él enseñó a sus discípulos muchas
cosas buenas.
Un día Jesús subió al cielo.
Él desapareció detrás de una nube.
Sus discípulos estaban solos.
Entonces aparecieron dos ángeles.
Ellos prometieron a los discípulos que
¡Jesús vendría otra vez a la tierra!

Hechos 1

Dios amó a su Hijo Jesús.

Dios amó a María, a José, a Lázaro
y a todo el pueblo que Jesús
conocía en la tierra.

¡Y Dios me ama a mí!

Dios ama
Su mundo

Esteban

Esteban era muy valiente.
Él hablaba a otros de Jesús, aun
cuando ellos se ponían bravos.
El pueblo trató de que Esteban no
hablara sobre Jesús.
Ellos le tiraron piedras y rocas.
Hasta que Esteban murió, él no dejó de
hablar acerca de Jesús.

Dios amó a Esteban.

Saulo

Saulo odiaba a los cristianos.
Él los había puesto en la prisión.
Un día una luz brillante lo puso ciego.
Una voz le dijo que dejara de herir
a los cristianos.
Después de unos días Saulo pudo
ver otra vez.
Él se hizo cristiano y cambió su
nombre a Pablo.
Pablo le hablaba a todos
acerca de Jesús.

Hechos 9

Dios amó a Pablo.

P_{ablo}

Pablo fue un gran misionero.
A él le gustaba hablar a otros acerca
de Jesús.
Él viajó muy lejos de su casa para
hablar a otros de Jesús.
Él escribió muchas cartas que son
parte de nuestra Biblia hoy.

Hechos 13

Dios amó a Pablo.

# Pedro

Pedro estaba en la prisión porque él
era cristiano.
Una noche vino un ángel.
Él le dijo a Pedro que se pusiera de pie.
Las cadenas cayeron de las manos
de Pedro.
Pedro salió de la prisión dejando a
los guardias atrás.
Pedro sabía que el ángel de Dios
lo había salvado.

Hechos 12

Dios amó a Pedro.

Dios ama a la gente alta.
Dios ama a la gente bajita.

Dios ama a toda la gente en su mundo.

Dios ama a la gente en mi iglesia.

Dios ama a la gente en
mi vecindario.

Dios ama a mi mami.

Dios ama a mi papi.

¡Y Dios me ama a mí!

(Coloque el retrato del niño aquí)

¡Sí Dios ama a_____!

Dios que hizo la tierra,
El aire, el cielo el mar,
Quien hizo también el mundo,
Me cuida a mí en su bondad.

Dios me cuida desde el cielo hoy,
Mientras duermo y mientras juego,
Él vive en el cielo sobre todos,
Y me guarda en sus manos de amor.

BIBLIA DIOS ME AMA
Índice de historias

	Página
Abigail	72
Abraham	12
Adán y Eva	8
Ana	56
Caleb y Josué	40
Creación	4
Daniel	102
David, el guerrero	66
David, el niño pastor	64
David, el rey	68
Débora	46
Elías	88
Elías, el profeta	86
Eliseo	90
Esdras	106
Esteban	142
Ester	104
Ezequías	80
Gedeón, el débil	48
Gedeón, el valiente	50
Isaac	16
Isaías	92
Israelitas, los esclavos	32
Israelitas, los hambrientos	36
Jacob	20
Jeremías	94
Jesús	138
Jesús, el bebé	116
Jesús, el Hijo de Dios	122
Jesús, el niño	118
Jesús, el resucitado	136

	Página
Joás	78
Jonás	96
Jonatán	70
José (A.T)	24
José (N.T)	114
Josías	82
Josué	42
Juan el Bautista	120
Lázaro	128
Los 12 discípulos	130
María	112
María y Marta	124
Miriam	34
Moisés	38
Moisés, el bebé	28
Moisés, el líder	30
Nehemías	108
Niñitos, los	134
Noé	10
Pablo	146
Pedro	148
Raquel	22
Rebeca	18
Rut	54
Sadrac, Mesac, Abed-nego	100
Salomón	74
Salomón, el sabio	76
Samuel	58
Sansón	52
Sara	14
Saúl	62
Saulo	144
Una niñita	132
Zaqueo	126